全国技工院校新能源汽车检测与维修专业（中 / 高级技能层级）

新能源汽车驱动电机系统检测与维修习题册

主　编　任保宽

中国劳动社会保障出版社

简介

本习题册是全国技工院校新能源汽车检测与维修专业教材（中 / 高级技能层级）《新能源汽车驱动电机系统检测与维修》的配套用书。习题册内容紧扣教材的教学要求，注重基础知识的巩固和基本能力的培养，知识点分布均衡，题型丰富，难易适当，有助于学生复习巩固所学知识。

本习题册由任保宽任主编，于彦华任副主编，李昌丽、修萌萌参加编写。

图书在版编目（CIP）数据

新能源汽车驱动电机系统检测与维修习题册 / 任保宽主编. -- 北京：中国劳动社会保障出版社，2021.11

全国技工院校新能源汽车检测与维修专业. 中/高级技能层级

ISBN 978-7-5167-5175-6

Ⅰ. ①新… Ⅱ. ①任… Ⅲ. ①新能源 – 汽车 – 驱动机构 – 车辆检修 – 技工学校 – 习题集 Ⅳ. ①U469.707-44

中国版本图书馆 CIP 数据核字（2021）第 232549 号

中国劳动社会保障出版社出版发行

（北京市惠新东街 1 号　邮政编码：100029）

*

北京市科星印刷有限责任公司印刷装订　　新华书店经销

787 毫米 ×1092 毫米　16 开本　3.5 印张　58 千字

2021 年 12 月第 1 版　　2025 年 3 月第 7 次印刷

定价：8.00 元

营销中心电话：400-606-6496

出版社网址：http://www.class.com.cn

http://jg.class.com.cn

目　录

绪　论

一、填空题

1. 电动汽车的核心部分是“三电”系统，包括驱动电机系统、动力蓄电池系统和______________。

2. ______________作为电动汽车三大系统之一，是车辆行驶的主要执行机构，其特性决定了车辆的主要性能指标，直接影响车辆的动力性、经济性和舒适性。

3. 驱动电机系统包括驱动电机、______________及冷却系统等。

4. ______________的性能直接影响电动汽车的行驶里程。

5. ______________作为电动汽车的能量源，是电动汽车的核心部件之一。

6. ______________作为动力蓄电池的大脑，主要用于检测动力蓄电池的电压、电流、温度等相关参数，与整车控制系统进行数据交换。

7. ______________是控制动力电源与驱动电机之间能量传递的装置，由控制信号接口电路、驱动电机控制电路和驱动电路组成。

二、选择题

1. 电动汽车的核心部分是“三电”系统，以下不属于“三电”系统的是（　　）。

A. 驱动电机系统　　　　B. 动力蓄电池系统

C. 车身系统　　　　D. 整车电控系统

2.（　　）是将电能转换成机械能，为车辆行驶提供驱动力的电气装置。

A. 驱动电机　　　　B. 驱动电机控制器

C. 动力蓄电池　　　　D. 整车控制器

3. “dive motor controller”是（　　）的英文名称。

A. 驱动电机　　B. 驱动电机控制器

C. 整车控制器　　D. 动力蓄电池

4. 电动汽车上使用的电机类型主要有两种：一种是（　　），另一种是交流异步电机。

A. 直流电机　　B. 永磁同步电机

C. 开关磁阻电机　　D. 轮毂电机

5.（　　）是驱动电机系统的发展趋势。

A. 永磁化　　B. 数字化

C. 集成化　　D. 以上选项均是

三、判断题

1. 目前，电动汽车常用的电机额定功率基本可以满足整车的驱动需求。（　　）

2. 动力蓄电池常用的电池类型有三元锂电池和磷酸铁锂电池。（　　）

3. 电池管理系统（BMS）不能对动力蓄电池的充放电进行管理。（　　）

4. 整车控制器能够完成整车子系统控制单元的自检状态检测、能量分配检测、制动踏板和加速踏板信号采集、继电器开关控制、整车故障检测、整车上下电控制、故障处理等工作。（　　）

5. 驱动电机是为车辆行驶提供驱动力的电气装置，但该装置不具备将机械能转化成电能的功能。（　　）

6. 整车控制器的处理速度一般比较慢。（　　）

四、简答题

1. 简述电动汽车“三电”系统各自的作用。

2. 简述驱动电机系统的发展趋势。

模块一
驱动电机系统的认知

课题一　驱动电机的认知

一、填空题

1. 根据工作电源不同，驱动电机可分为直流电机和交流电机。其中，直流电机分为__________直流电机和__________直流电机，交流电机分为__________电机和__________电机。

2. 按结构及工作原理不同，驱动电机可分为__________电机、__________电机、__________电机、__________电机和__________电机。

3. 根据有无__________，直流电机可分为__________直流电机和__________直流电机。

4. 按转子结构的不同，驱动电机可分为__________________和__________________。

5. 按转速的不同，驱动电机可分为__________电机、__________电机、__________电机和__________电机。

6. 目前，汽车专用电机驱动系统主要有三大电机类型，分别是________________、________________和________________。

7. 瑞麒 X1–EV 纯电动汽车使用的驱动电机类型是______________。

8. 交流感应电机依靠______________电源运行，定子及转子为独立绕组，双方通过______________来传递力矩，其转子以低于（或高于）气隙旋转磁场的转速旋转。

9. 永磁同步电机在__________中加入永磁体来强化转子性能，并与__________在转速同步旋转的形态下形成电流。

10. 开关磁阻电机采用__________凸极且极数相接近的大步距磁阻式步进电机的结构，利用________________通过电子功率开关控制各相绕组导通并使之运行。

二、选择题

1. 北汽 EX360、EU260，荣威 E50，宝马 i3 等车型主要应用（　　）。

A. 直流电机　　B. 交流感应电机

C. 永磁同步电机　　D. 开关磁阻电机

2. 以下选项中，（　　）不是直流电机的优点。

A. 转矩特性优异

B. 无级调速

C. 噪声低，震动小，运转平滑，使用寿命长

D. 具备变频调速能力

3. 以下选项中，（　　）不是交流感应电机的优点。

A. 具备变频调速能力　　B. 转速范围广

C. 抗高温性能强　　D. 耗电量低

4. 交流异步电机的转速范围是（　　）r/min。

A. 4 000 ~ 6 000　　B. 9 000 ~ 15 000

C. 4 000 ~ 10 000　　D. >15 000

5. 以下车用驱动电机质量最轻的是（　　）。

A. 直流电机　　B. 交流感应电机

C. 永磁电机　　D. 无法比较

6. 以下车用驱动电机峰值效率最高的是（　　）。

A. 直流电机　　B. 交流感应电机

C. 永磁电机　　D. 无法比较

7. 驱动电机型号中，类型代号 KC 代表（　　）。

A. 直流电机　　B. 绕线转子异步电机

C. 正弦控制型永磁同步电机　　D. 开关磁阻电机

8. 驱动电机型号中，信号反馈元件代号 X 代表（　　）。

A. 光电编码器　　B. 旋转变压器

C. 霍尔元件　　D. 无传感器

9. 驱动电机型号中，冷却方式代号 S 代表（　　）。

A. 水冷方式　　B. 油冷方式

C. 强迫风冷方式　　D. 自然风冷方式

10. 以下选项中，（　　）不是目前汽车电机驱动系统主要使用的电机类型。

A. 直流电机　　B. 交流感应电机

C. 永磁同步电机　　D. 开关磁阻电机

三、判断题

1. 特斯拉 Model X、Model S，荣威 550 Plug-in，蔚来 ES8 等车型应用的驱动电机类型是直流电机。（　　）

2. 交流异步电机可通过自身正反转切换来解决倒车问题。（　　）

3. 开关磁阻电机启动电流小，启动转矩大，电流达到额定电流的 25% 时即可实现 100% 的启动转矩。（　　）

4. 轮毂电机对密封要求较高，设计时需考虑散热。（　　）

5. 电动汽车要求驱动电机具有高功率密度，为满足整车空间和高效节能，电机功率密度要大于 0.5 kW/kg，控制器容量密度要在 3 ~ 4 kW/kg 及以上。（　　）

6. 混合动力汽车的电机应具有高效率、低损耗的特点，并在车辆减速时能实现能量回收并反馈给动力蓄电池。（　　）

四、简答题

1. 简述永磁同步电机的优缺点。

2. 电动汽车对驱动电机的要求有哪些？主要体现在哪几个方面？

课题二　驱动电机控制器及冷却系统的认知

一、填空题

1. 驱动电机控制器又称电机控制单元，常用英文缩写__________表示，是__________与____________之间能量传输的装置，是驱动电机系统的核心控制装置。

2. 驱动电机控制器主要由____________模块、____________模块、电容、散热水道、接口电路等组成。

3. 北汽 EX360 车型的电机驱动系统集成了__________、__________、__________、__________等功能，该功率集成单元称为 PEU。

4. 功率变换模块通过______________晶体管等功率器件实现__________转__________的逆变功能。

5. IGBT 是一种大功率的电力电子器件，主要用于变频器逆变和其他逆变电路，能够将__________逆变成__________的交流电，俗称电力电子装置的“CPU”。

6. 控制模块可与______________进行通信，检测直流母线电流，控制______________模块并反馈 IGBT 模块温度，检测______________的连接情况，分析旋变信号等。

7. 驱动电机控制器型号由________________________、________________________、________________、________________、____________、预留代号六部分组成。

8. 对驱动电机和驱动电机控制器进行强制冷却，一般采用的冷却方式为________，冷却媒介为____________。

二、选择题

1. 北汽 EV200 车型的 MCU 为（　　）部件，驱动电机控制器基本结构由上下两层部件组成。

A. 独立　　　　B. 集成

C. 半独立半集成　　　　D. 单层

2. IGBT 并没有放大电压的功能，可以理解为一个“非通即断”的开关，（　　）时可以看作导线，(　　)时可以看作开路。

A. 断开，导通　　B. 导通，断开

C. 短路，断路　　D. 断路，短路

3. 驱动电机控制器接通高压电路时给内部的（　　）充电，在电机启动时保持电压的稳定。

A. 电容　　B. 电阻

C. 电感　　D. 电源

4. 各类型驱动电机控制器代号中，信号反馈元件代号 H 代表（　　）。

A. 光电编码器　　B. 旋转变压器

C. 霍尔元件　　D. 无传感器

5. 各类型驱动电机控制器代号中，冷却方式代号 Y 代表（　　）。

A. 水冷方式　　B. 油冷方式

C. 强迫风冷方式　　D. 自然风冷方式

三、判断题

1. 北汽 EV200 车型的驱动电机控制器集成了 MCU、DC-DC、OBC（车载充电机）、PTC（车载加热器）等功能。（　　）

2. 驱动电机控制器代号中，电机类型代号以字母 T 开头。（　　）

3. 驱动电机控制器代号中，工作电压规格代号用驱动电机控制器的标称直流电压除以 10 并圆整后的数值表示。（　　）

4. 在驱动电机和驱动电机控制器中设置冷却水道，通过电动水泵加压驱动冷却液在冷却水道内循环进行散热，达到冷却驱动电机系统的目的。（　　）

四、简答题

1. 简述驱动电机控制器的主要作用与组成。

2. 简述电机汽车冷却系统的作用与组成。

模块二
驱动电机的检测与维修

课题一　直流电机的拆装

一、填空题

1. __________是指能将直流电能转换成机械能或将机械能转换成直流电能的旋转电机。

2. 直流电机的结构由__________和__________两大部分组成。

3. 定子的主要作用是产生磁场，由机座、__________、__________、端盖、轴承和电刷装置等组成。

4. 转子的主要作用是产生电磁转矩和感应电动势，是直流电机进行能量转换的枢纽，由转轴、__________、__________、__________和风扇等组成。

5. 直流电机按有无电刷可以分为__________________和__________________。

6. 实现外电路电流与电枢绕组中交流电之间相互变换的部件是__________。

7. 电枢绕组的形式有__________、__________、__________和__________。

8. 表征电机运行状态的两个主要物理量是__________和__________。

9. 直流电机的故障主要有__________和__________两方面。

10. __________是指换向器表面出现有规律的变色或痕迹。

二、选择题

1. 在大多数直流电机中，主磁极是电磁铁，为了尽可能地减小涡流和磁滞损耗，主磁极铁心用（　　）mm 厚的低碳钢板叠压而成。

A. 0.6 ~ 0.8　　B. 1 ~ 1.2

C. 2 ~ 2.2　　D. 3 ~ 3.2

2.（　　）装在相邻两主磁极之间，由铁心和绕组构成，用以改善换向。

A. 换向器　　B. 换向极

C. 电刷装置　　D. 电枢铁心

3.（　　）由许多按一定规律连接的线圈组成，是直流电机的主要电路部分，也是通过电流和感应电动势从而实现机电能量转换的关键性部件。

A. 电枢绕组　　B. 电枢铁心

C. 换向器　　D. 电刷装置

4. 直流电机按励磁方式分为（　　）。

A. 他励式和并励式两种

B. 并励式与串励式两种

C. 他励式和复励式两种

D. 他励式、并励式、串励式和复励式四种

5. 直流电机中，电刷的作用是（　　）。

A. 使电机能保持通电状态　　B. 使电机能在两个方向交替转动

C. 保持电机磁极表面清洁　　D. 使电机能保持一个方向转动

三、判断题

1. 电动机是利用电磁原理，把机械能转化为电能的原动机。（　　）

2. 由于无刷直流电机自身的缺点，在电动汽车中的应用已处于劣势，目前已逐渐被淘汰。（　　）

3. 电机的结构主要包括定子部分和转子部分。（　　）

4. 串励式直流电机的励磁绕组与电枢绕组串联，由同一个直流电源供电，两个绕组的电压相等。（　　）

5. 拆下电机前端盖后要妥善放置，并检查端盖轴承座圈有无明显拉伤及锈蚀。

( )

四、简答题

1. 在下图方框中填写直流电机各部件的名称。

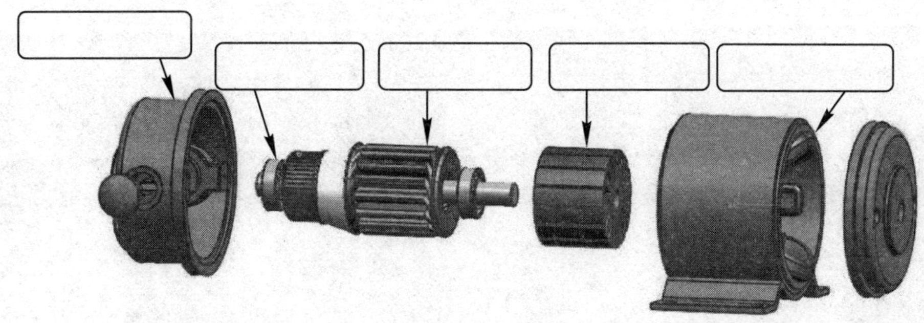

直流电机的组成

2. 简述直流电机的工作原理。

3. 简述直流电机的拆装顺序。

课题二　交流异步电机的检测与维修

一、填空题

1. 交流异步电机由气隙旋转磁场与转子绕组感应电流相互作用产生电磁转矩，从而实现将__________能转换为__________能。

2. 交流异步电机按转子结构不同，可分为________和________两种。

3. 交流异步电机按照定子绕组相数不同，可分为________、________和________三种。

4. 定子绕组是三相电机的电路部分，三相电机有三相绕组，通入三相对称电流时会产生________。

5. 交流异步电机的故障一般可分为________和________两部分。

6. 转子绕组根据结构不同可分为________和________两种。

7. 交流异步电机电磁转矩与转差率之间的关系 $T=f(s)$ 称为________。

8. 交流异步电机的转子转速总是________同步转速。

9. 交流异步电机旋转磁场的方向与三相绕组中电流相序一致，若想改变旋转磁场的方向，只要把接到________绕组上的任意________对调即可。

10. 若三相笼型异步电机铭牌上电压为 380 V/220 V。当电源电压为 380 V 时，定子绕组应接成________形，当电源电压为 220 V 时，定子绕组应接成________形。

二、选择题

1.（　　）的作用是产生感应电动势、流过电流和产生电磁转矩。

A. 定子铁心　　B. 定子绕组

C. 转子铁心　　D. 转子绕组

2. 定子三相绕组的六个出线端都引至接线盒上，这六个出线端在接线盒里的排列可以接成（　　）。

A. 星形　　B. 三角形

C. 星形或三角形　　D. 以上选项均不是

3. 交流异步电机过热甚至冒烟的可能原因是（　　）。

A. 定子、转子铁心相擦

B. 环境温度高，电机表面污垢多，或通风道堵塞

C. 电机风扇故障，通风不良

D. 以上选项均是

4. 转差率 s 是指（　　）。

A. $s=\left(\frac{n_0-n}{n_0}\right)\times 100\%$　　B. $s=\left(\frac{n_0-n}{n}\right)\times 100\%$

C. $s=n_0-n$　　D. $s=\left(\frac{n-n_0}{n_0}\right)\times 100\%$

5. 定子绕组接地故障的检查方法常采用（　　）。

A. 观察法　　B. 兆欧表检查法

C. 观察法或兆欧表检查法　　D. 以上选项均不是

6. 在转子铁心的每一个槽中插入一根铜条，在铜条两端各用一个铜环（称为端环）把它们连接起来，称为（　　）。

A. 铸铝转子　　B. 铜排转子

C. 绕线转子　　D. 笼型转子

7. 三相异步电机的定子与转子之间的空气隙一般为（　　）mm。

A. 0.2 ~ 1.5　　B. 0.05 ~ 0.15

C. 1.5 ~ 2.5　　D. 2.5 ~ 3

8. 三相异步电机定子绕组中通入三相交流电，产生的磁场称为（　　）。

A. 交流磁场　　B. 正弦磁场

C. 余弦磁场　　D. 旋转磁场

9. 在恒定电压和恒定频率下，电机转速与转矩之间的关系称为（　　）。

A. 转矩特性　　B. 工作特性

C. 机械特性　　D. 功率特性

10. 以下选项中，属于交流异步电机常见故障现象的是（　　）。

A. 轴承过热　　B. 振动大

C. 运行声音异常　　D. 以上选项均是

三、判断题

1. 交流异步电机定子铁心由涂有绝缘漆的薄硅钢片叠压而成，由于硅钢片较薄而且片与片之间是绝缘的，所以减少了由于交变磁通通过而引起的铁心涡流损耗。（　　）

2. 交流异步电机定子是用来产生旋转磁场的。（　　）

3. 三相异步电机的转子转速 n 等于旋转磁场的转速 n_0。（　　）

4. 一般交流异步电机定子槽数越多，转速就越低；反之则转速越高。（　　）

5. 深槽型笼型异步电机的启动性能与运行性能均比普通笼型异步电机好。 ( )

6. 一台定子绕组星形联结的三相异步电机，若空载运行时某相绕组断线，则电动机必将停止转动。 ( )

7. 拆装时不能用锤子直接敲击零件，应垫铜棒、铝棒或硬木，对称地敲。 ( )

8. 用兆欧表检查定子绕组接地故障时，应根据被测电机的额定电压来选择兆欧表的等级。 ( )

9. 当交流异步电机稳定运行时，其转子转速比旋转磁场的转速略低，其转差率范围为 $0 \leq s \leq 1$。 ( )

四、简答题

1. 简述交流异步电机的常见故障现象及原因。

2. 简述定子绕组短路故障的检修方法。

3. 简述交流异步电机的拆装步骤。

课题三　永磁同步电机的检测与维修

一、填空题

1. 永磁同步电机可分为__________、__________和__________三大类。

2. 永磁同步电机主要由__________、__________、__________、电源动力引出线、水冷系统、电机壳体总成等组成。

3. 旋转变压器用以检测电机转子的位置，由控制器解码后可获知电机转速，结构上分为__________和__________两个部分。

4. 永磁同步电机的定子由__________和__________构成。

5. 传感器线圈由__________、__________和__________三组线圈组成。

6. 永磁同步电机转子主要由__________、__________和转轴等构成。

7. 永磁同步电机__________绕组通入三相交流电，产生旋转磁场，拖动永磁转子同步旋转。

8. ________________用于检测电机定子绕组的温度，提供散热风扇的启动信号。

9. 永磁同步电机转子转速__________于定子旋转磁场转速。

10. 电机温度传感器最常用的是材料是______________。

二、选择题

1. 永磁同步电机依靠内置传感器来提供电机的工作信息，这些传感器主要是（　　）。

A. 温度传感器　　B. 旋变传感器

C. 温度传感器和旋转变压器　　D. 以上选项均不包括

2. 更换驱动电机所需的主要维修工具是（　　）。

A. 液压千斤顶　　B. 绝缘维修工具

C. 诊断仪　　D. 以上选项均包括

3.（　　）一般制成多相（三、四、五相不等），通常为三相绕组，通入三相交流电时，产生旋转磁场。

A. 定子铁心　　B. 定子绕组

C. 转子铁心　　D. 转子绕组

4. 在检修驱动电机过程中，应注意（　　）。

A. 驱动电机与减速器连接花键润滑脂的加注应符合规定

B. 装配过程防止冷却系统管路进入异物，保证管路内清洁

C. 未加注冷却液前严禁上电，以免因水泵运转导致其损坏

D. 以上选项均包括

5. 永磁同步电机的输入功率与输出功率成（　　）关系。

A. 正比　　B. 反比

C. 正弦　　D. 余弦

6. 驱动电机安装作业完成后需进行的检查内容有（　　）。

A. 冷却管路是否有渗漏、弯折等异常现象

B. 各线束及接插件连接是否正确，接插件连接状况是否可靠

C. 各高压部件绝缘性是否良好

D. 以上选项均包括

三、判断题

1. PT1000 型热敏电阻的阻值随温度的升高而降低。 ( )

2. 永磁同步电机结构简单，加工和装配成本低，且没有励磁绕组、电刷和集电环，具有较高的运行可靠性。 ( )

3. 当负载转矩超出一定限度时，转子转速会降低甚至下降到零，导致转子不能再以同步转速运行，这就是同步电机的“失步”现象。 ( )

4. 对于同步电机，当其负载在一定范围内改变时，只要保持电源频率不变，转速就是恒定不变的。 ( )

5. 永磁同步电机的定子铁心一般采用 0.5 mm 硅钢冲片叠压而成，对于具有高效率指标或频率较高的电机，为了减少铁耗，可以考虑使用 0.35 mm 的低损耗冷轧无取向硅钢片。 ( )

6. 永磁同步电机的定子上安装有永磁体磁极，永磁体磁极外凸镶嵌在转子铁心外侧，组成若干对磁极。 ( )

四、简答题

1. 简述永磁同步电机的基本原理。

2. 简述永磁同步电机的更换流程。

3. 简述对旋转变压器进行检测的方法。

模块三
驱动电机控制器的检测与维修

课题　驱动电机控制器的检测与维修

一、填空题

1. 驱动电机控制器响应并反馈____________根据驾驶员的意图发出的各种指令，实时调整驱动电机输出，以实现整车的怠速、前行、倒车、停车、能量回收及驻坡等功能。

2. 内部电容的作用是接通__________电路时给电容充电，在电机启动时保持电压的稳定。

3. 驱动电机控制器主要由接口电路、______________、______________、超级电容、放电电阻、电流感应器、______________等组成。

4. 驱动电机控制器最核心的器件是__________，它的大小直接影响外壳的尺寸以及水道的布置形式。

5. 驱动电机控制器采用三相两电平电压源型逆变器，整车控制器（VCU）发出指令，通过__________传输到驱动电机控制器主板。

6. IGBT 模块根据控制器主板的指令，将输入的____________逆变成电压、频率可调的三相交流电。

7. 当驱动电机控制器从__________处得到扭矩输出命令时，将动力蓄电池提供的直流电转化成三相正弦交流电，驱动电机输出扭矩，通过机械传输来驱动车辆。

二、选择题

1. 驱动电机控制器内部控制主板模块的主要功能不包括（　　）。

A. 与整车控制器通信　　B. 采集 IGBT 模块的温度

C. 监测直流母线及相电流　　D. 三相整流

2. 驱动电机控制器内部 IGBT 模块的主要功能不包括（　　）。

A. 将信号反馈给驱动电机控制器控制主板

B. 监测 IGBT 模块的温度

C. 将直流电转换为交流电、变频

D. 为旋转变压器励磁绕组供电

3. 驱动电机控制器主要组成部分不包括（　　）。

A. 接口电路　　B. 控制主板

C. IGBT 模块（驱动）　　D. 旋转变压器

4. Ⅱ代驱动电机控制器具有的性能优点不包括（　　）。

A. 完善的保护功能　　B. 快速的动态响应

C. 较低的价格　　D. 更小的体积

5. 绝缘栅双极型晶体管又称为（　　）。

A. IGBT　　B. BMS

C. MCU　　D. VCU

三、判断题

1. IGBT 模块能够监测相电流的大小。（　　）

2. 驱动电机控制器内部控制主板不能采集 IGBT 的温度。（　　）

3. 北汽 EV200 车型的驱动电机控制器内部没有设置电流传感器。（　　）

4. Ⅱ代 IGBT 模块系统峰值功率远高于同参数的Ⅰ代 IGBT 模块。（　　）

5. 旋转变压器的零位自动校正功能可在车辆行驶情况下自动校正零位。（　　）

6. 驱动电机控制器出现直流母线欠压故障可能的原因是电机系统突然大功率放电。（　　）

四、简答题

1. 简述驱动电机控制器的功能。

2. 驱动电机控制器内部 IGBT 模块的功能有哪些？

3. 简述驱动电机系统的控制策略。

模块四
冷却系统的检测与维修

课题一　冷却系统部件的更换

一、填空题

1. 电动汽车冷却系统主要由__________、膨胀水箱、__________、冷却管道、散热风扇、冷却液、驱动电机及其控制器内部冷却管道等组成。

2. 在电动汽车冷却系统中，__________的作用是通过对冷却液加压，保证冷却液能够在冷却管路中循环流动。

3. __________主要用来储存因温度升高而膨胀的冷却液。

4. 膨胀水箱侧边一般有____________和____________两个刻度，用于检查冷却液的液位。

5. 散热器按结构类型可分为管片式散热器和__________散热器。

6. __________位于散热器后面，它的作用是增强散热器的散热能力。

7. 冷却液主要由__________、防冻剂和添加剂三部分组成。

8. 在下图中标注冷却系统各部件的名称。

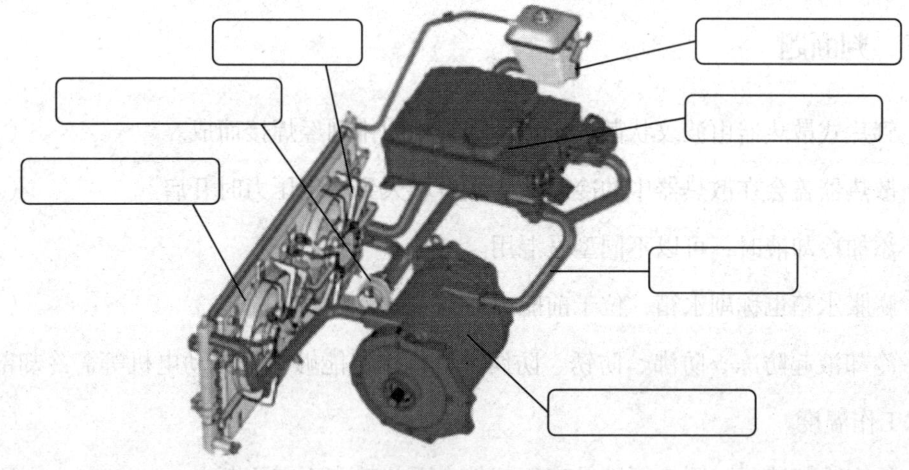

冷却系统的组成

二、选择题

1. 冷却液液位处于膨胀水箱侧边的 MAX 刻度，表示该冷却液的液位为（　　）。

A. 液位下限　　　　B. 液位上限

C. 液位中间　　　　D. 缺少冷却液

2.（　　）散热器芯部由许多细的冷却管和散热片构成，冷却管大多采用扁圆形截面。

A. 管片式　　　　B. 管带式

C. 扁圆形　　　　D. 扁片形

3. 下列选项中，关于冷却系统电子风扇的说法中不正确的是（　　）。

A. 电子风扇采用左右两挡调速双风扇

B. 电子风扇的运行不受空调压力的影响

C. 电子风扇直接由整车电源供电

D. 以上选项都不正确

4. 冷却液有三种颜色，乙二醇一般是（　　）。

A. 绿色　　　　B. 红色

C. 蓝色　　　　D. 黄色

5. 在冷却液处于冷态检查时，罐内冷却液的高度应保持在（　　）位置。

A. MAX 之上　　　　B. MAX 和 MIN 之间

C. MIN 之下　　　　D. 以上选项都不正确

三、判断题

1. 管片式散热器由波纹状散热带和冷却管相间排列经焊接而成。（　　）

2. 散热器盖会在散热器中的冷却液膨胀后增大到一定压力时开启。（　　）

3. 添加冷却液时，可以不同型号混用。（　　）

4. 膨胀水箱也称副水箱，位于前舱内。（　　）

5. 冷却液起防冻、防沸、防锈、防腐蚀等作用，能够保证驱动电机等需冷却部件处于正常工作温度。（　　）

6. 检查冷却液时，因为不涉及高压部件，因此整车不需要断电。（　　）

7. 如果添加冷却液后在短时间内液位下降，说明冷却系统可能存在泄漏。（　　）

8. 冷却液在冷却系统中的流动主要依靠电动水泵的动力。（　　）

四、简答题

1. 简述电动汽车冷却系统的工作原理。

2. 简述水泵总成的更换流程。

3. 简述散热器总成的更换流程。

课题二　冷却系统故障的检修

一、填空题

1. 对于冷却系统故障，首先需要判断____________________。

2. 在进行故障诊断时，故障诊断思路很重要，一般应遵循____________________、____________________、____________________的排除思路。

二、选择题

1. 以下选项中，不属于冷却系统常见故障现象的是（　　）。

A. 驱动电机控制器过热　　B. 车辆空调不制冷

C. 散热器风扇出现异响　　D. 电动水泵出现异响

2. 某车电动水泵出现异响，可能的故障原因不包括（　　）。

A. 冷却液脏污　　B. 水泵损坏

C. 进、出水管发生破裂　　D. 缺少冷却液

三、判断题

1. 风扇继电器损坏不会影响风扇正常运转。（　　）

2. 水管接口卡箍损坏可能会导致冷却管路泄漏。（　　）

3. 目视检查风扇破损状况时，若发现破损，应进行修补。（　　）

4. 检测冷却系统故障时，应检查搭铁点是否松脱，若松脱应紧固螺栓。（　　）

5. 扇叶与其他部件发生干涉会导致散热器风扇异响。（　　）

6. 线路接插件松动或脱开会导致风扇不工作。（　　）

7. 冷却系统故障排除后，应恢复冷却系统管路，试车后再加注冷却液。（　　）

8. 缺少冷却液不会造成电动汽车驱动电机出现过热故障。（　　）

四、简答题

1. 电动汽车散热风扇无法工作的原因有哪些？

2. 冷却系统常见的故障现象主要有哪些？

综合试卷（一）

一、填空题（每题 2 分，共 30 分）

1. 电动汽车的核心部分是“三电”系统，包括____________、动力蓄电池系统和整车电控系统。

2. 驱动电机系统是指驱动电机、________________以及它们工作必需的辅助装置的组合。

3. ______________作为电动汽车的能量源，是电动汽车的核心部件之一。

4. __________是控制动力电源与驱动电机之间能量传递的装置，由控制信号接口电路、驱动电机控制电路和驱动电路组成。

5. 根据电机转子形式不同，轮毂电机主要分内转子式和__________两种。

6. 型号为 TF115XS420 的驱动电机属于__________冷却方式。

7. 直流电机由定子和__________两大部分组成。

8. 在三相异步电机的结构中，____________的作用是产生感应电动势、流过电流和产生电磁转矩。

9. 目前，我国的新能源汽车多采用____________电机。

10. ______________用以检测电机转子位置，由控制器解码后可获知电机转速。

11. 驱动电机控制器的最核心器件是__________。

12. 电动汽车__________系统的作用是将驱动电机、驱动电机控制器等总成部件产生的热量及时散发出去，保证其在要求的温度范围内稳定、高效地工作。

13. 散热器按结构类型可分为管片式散热器和管带式散热器，__________散热器芯部由许多细的冷却管和散热片组成，冷却管大多采用扁圆形截面，以减小空气阻力，增加传热面积。

14. __________能够起到防冻、防沸、防锈、防腐蚀等效果，保证驱动电机等需冷却部件处于正常工作温度。

15. __________通过分析判断后控制水泵和风扇的开启状态，根据冷却快慢需求选择风扇的高速或低速运转状态。

二、选择题（每题1分，共15分）

1. 电动汽车的核心部分是“三电”系统，以下选项中不属于“三电”系统的是（　　）。

A. 驱动电机系统　　B. 动力蓄电池系统

C. 车身系统　　D. 整车电控系统

2. 电动汽车主流的电机类型主要有两种：一种是（　　），另一种是交流异步电机。

A. 直流电机　　B. 永磁同步电机

C. 开关磁阻电机　　D. 轮毂电机

3. 北汽EX360、北汽EU260、荣威E50、宝马i3等车型主要应用（　　）。

A. 直流电机　　B. 交流感应电机

C. 永磁同步电机　　D. 开关磁阻电机

4. 以下选项中，（　　）不是交流感应电机的优点。

A. 具备变频调速能力　　B. 转速范围广

C. 抗高温性能强　　D. 耗电量低

5. 驱动电机型号中，信号反馈元件代号X代表（　　）。

A. 光电编码器　　B. 旋转变压器

C. 霍尔元件　　D. 无传感器

6.（　　）不是目前汽车专用电机驱动系统主要使用的电机类型。

A. 直流电机　　B. 交流感应电机

C. 永磁同步电机　　D. 开关磁阻电机

7. 驱动电机控制器接通高压电路时给内部的（　　）充电，在电机启动时保持电压稳定。

A. 电容　　B. 电阻

C. 电感　　D. 电池

8.（　）由许多按一定规律连接的线圈组成，是直流电机的主要电路部分，也是通过电流和产生感应电动势，从而实现机电能量转换的关键性部件。

A. 电枢绕组　　B. 电枢铁心

C. 换向器　　D. 电刷装置

9. 改变直流电机转向的方法是（　）。

A. 改变励磁电流的方向

B. 改变电枢电流的方向

C. 改变励磁电流的方向或改变电枢电流的方向

D. 同时改变励磁电流与电枢电流的方向

10.（　）的作用是产生感应电动势、流过电流和产生电磁转矩。

A. 定子铁心　　B. 定子绕组

C. 转子铁心　　D. 转子绕组

11. 转差率 s 的计算公式为（　）。

A. $s=\left(\frac{n_0-n}{n_0}\right)\times 100\%$　　B. $s=\left(\frac{n_0-n}{n}\right)\times 100\%$

C. $s=n_0-n$　　D. $s=\left(\frac{n-n_0}{n_0}\right)\times 100\%$

12. 在三相异步电机定子绕组中通入三相交流电，产生的磁场称为（　）。

A. 交流磁场　　B. 正弦磁场

C. 余弦磁场　　D. 旋转磁场

13. 驱动电机控制器内部 IGBT 模块的主要功能不包括（　）。

A. 将信号反馈给驱动电机控制器控制主板

B. 监测 IGBT 模块的温度

C. 将直流电转换为交流电、变频

D. 为旋转变压器励磁绕组供电

14.（　）的作用是通过对冷却液加压，保证冷却液能够在冷却管路中进行循环流动，从而吸收流经部件的热量，达到降温的目的。

A. 散热风扇　　B. 散热器

C. 电动水泵　　D. 膨胀水箱

15. 在冷却液处于冷态检查时，罐内的冷却液高度应保持在（　　）位置。

A. MAX 之上　　B. MAX 和 MIN 之间

C. MIN 之下　　D. 以上选项都不正确

三、判断题（每题 1 分，共 15 分）

1. 驱动电机系统是车辆行驶的主要执行机构。（　　）

2. 永磁电机具有效率高、比功率较大、功率因数高、可靠性高和便于维护的优点。（　　）

3. 电机驱动系统集成化可以使整个电驱总成线缆的长度大大缩短、体积更小、质量更轻、效率更高、成本更低，但不利于车辆布局。（　　）

4. 无刷直流电机结构简单、质量轻、体积小，具有传统直流电机的优点，同时又取消了电刷、滑环等结构。（　　）

5. 相对于直流电机，永磁同步电机在噪声及控制精度环节设计更优。（　　）

6. 电动汽车驱动电机需具备频繁起动 / 停车、加速 / 减速、低速或爬坡时高转矩，高速行驶时低转矩，变速范围大等特点。（　　）

7. 驱动电机应能够在汽车减速时实现再生制动，将能量回收并反馈给动力蓄电池，并使电动汽车具有最佳能量的利用率。（　　）

8. 感应电机的转子用来产生旋转磁场。（　　）

9. 根据结构不同，三相异步电机的定子绕组可以分为笼型和绕线型两种。（　　）

10. 比亚迪 e5 车型采用交流永磁同步电机，是汽车的动力源之一，向外输出转矩，驱动汽车前进或后退，同时也可以作为发电机发电。（　　）

11. IGBT 是一个三端器件，它拥有栅极（G）、集电极（C）和发射极（E）。（　　）

12. IGBT 的开关作用是通过加正向栅极电压形成沟道，给 PNP 晶体管提供基极电流，使 IGBT 导通。（　　）

13. 散热风扇位于散热器前面，它的作用是在风扇运转时提高流经散热器的空气流速和流量，以增强散热器的散热能力。（　　）

14. 水泵总成一般位于整个冷却系统较低的位置。（　　）

15. 高速风扇的运转由风扇继电器通过驱动电机控制器进行控制。（　　）

四、简答题（每题6分，共30分）

1. 简述国内驱动电机系统的发展现状。

2. 简述整车电控系统的作用。

3. 简述电动汽车对驱动电机的要求。

4. 简述永磁同步电机的更换流程。

5. 电动汽车冷却系统常见故障现象有哪些？

五、综合题（每空 2 分，共 10 分）

根据表中给出的信息，写出图示驱动电机类型的名称。

序号	驱动电机类型	驱动电机图片	应用车型
1			比亚迪 e6 汽车
2			特斯拉（Model X、Model S）、荣威 550 Plug-in、蔚来 ES8
3			北汽 EX360、北汽 EU260、荣威 E50、宝马 i3
4			部分客车
5			奇瑞电动汽车瑞麒 X1-EV

综合试卷（二）

一、填空题（每题2分，共30分）

1. ____________的性能直接影响电动汽车的行驶里程。

2. __________的特性决定了车辆的主要性能指标，直接影响车辆动力性、经济性和舒适性。

3. 电动汽车主流的电机类型主要有两种：一种是____________，另一种是交流异步电机。

4. 根据工作电源不同，电机可分为直流电机和____________。

5. ______________响应整车控制器，根据驾驶员意图发出各种指令，并对信息进行反馈，实时调整驱动电机输出，以实现整车的怠速、前行、倒车、停车、能量回收以及驻坡等功能。

6. 直流电机按励磁方式分为他励式、并励式、__________和复励式四种。

7. 绝缘栅双极型晶体管简称__________。

8. 永磁同步电机的运行特性主要包括机械特性和__________。

9. 永磁同步电机旋转变压器的传感器线圈由__________、正弦、余弦三组线圈组成。

10. 电机温度传感器的作用是检测电机定子绕组的温度，并提供__________的启动信号。

11. 纯电动汽车的水泵采用电动水泵，由__________供电进行驱动。

12. 散热器按结构类型可分为管片式散热器和__________式散热器。

13. 在电动汽车冷却系统中，__________的作用是通过对冷却液加压，保证冷却液能够在冷却管路中循环流动。

14. __________主要用来储存因温度升高而膨胀的冷却液。

15. 一般来说，冷却液有三种颜色，__________一般是绿色，丙二醇是红色，二甘醇是蓝色，大多数防冻液的颜色为红色或绿色。

二、选择题（每题1分，共15分）

1.（　　）是将电能转换成机械能，为车辆行驶提供驱动力的电气装置。

A. 驱动电机　　B. 驱动电机控制器

C. 动力蓄电池　　D. 整车控制器

2. 以下选项中，（　　）是驱动电机系统的发展趋势。

A. 电机驱动系统永磁化　　B. 电机驱动系统数字化

C. 电机驱动系统集成化　　D. 以上选项均是

3. 以下选项中，（　　）不是直流电机的优点。

A. 转矩特性优异

B. 无级调速

C. 噪声低，震动小，运转平滑，使用寿命长

D. 具备变频调速能力

4. 驱动电机型号中，类型代号 KC 代表（　　）。

A. 直流电机　　B. 绕线转子异步电机

C. 正弦控制型永磁同步电机　　D. 开关磁阻电机

5. 各类型驱动电机控制器代号中，冷却方式代号 Y 代表（　　）。

A. 水冷方式　　B. 油冷方式

C. 强迫风冷方式　　D. 自然风冷方式

6.（　　）装在相邻两主磁极之间，由铁心和绕组组成，用以改善换向。

A. 主磁极　　B. 换向极

C. 电刷装置　　D. 电枢铁心

7. 当空气湿度过大或空气中含酸性气体时，电刷表面会沉积一些细微的铜粉末，这种现象称为（　　）。

A. 镀铜　　B. 烧痕

C. 节痕　　D. 镀铬

8. 定子三相绕组的六个出线端都引至接线盒上，这六个出线端在接线盒里的排列可以接成（　　）。

A. 星形　　B. 三角形

C. 星形或三角形　　D. 以上选项均不是

9. 在恒定电压和恒定频率下，电机转速与转矩之间的关系称为（　　）。

A. 转矩特性　　B. 工作特性

C. 机械特性　　D. 功率特性

10. 根据永磁体在转子上的位置不同，永磁同步电机主要可分为（　　）。

A. 内磁式永磁同步电机　　B. 外磁式永磁同步电机

C. 嵌入式永磁同步电机　　D. 以上选项均包括

11. 与电励磁同步电机相比，永磁同步电机（　　）。

A. 基本原理有根本区别

B. 同样具有励磁绕组、电刷和集电环等结构

C. 电机结构更为简单

D. 具有相同的可靠性

12. 驱动电机控制器内部控制主板模块的主要功能不包括（　　）。

A. 与整车控制器通信　　B. 采集 IGBT 温度

C. 监测直流母线及相电流　　D. 三相整流

13. 绝缘栅双极型晶体管又称为（　　）。

A. IGBT　　B. BMS

C. MCU　　D. VCU

14. 冷却液液位处于膨胀水箱侧边的 MIN 刻度，表示该冷却液的液位为（　　）。

A. 液位下限　　B. 液位上限

C. 液位中间　　D. 缺少冷却液

15. 下列选项中，关于冷却系统电子风扇的说法不正确的是（　　）。

A. 电子风扇采用左右两挡调速双风扇

B. 电子风扇的运行不受空调压力的影响

C. 电子风扇直接由整车电源供电

D. 以上说法都不正确

三、判断题（每题 1 分，共 15 分）

1. 动力蓄电池的常用类型是三元锂电池和磷酸铁锂电池。（ ）

2. 轮毂电机简称 SRM，是一种新型驱动电机。（ ）

3. 交流感应电机依靠交流电源运行，定子及转子为独立绕组，双方通过电磁感应来传递力矩。（ ）

4. 电动汽车驱动电机需可控性高、稳态精度高、动态性能好。（ ）

5. 驱动电机控制器简称 VCU，是控制动力电源与驱动电机之间能量传输的装置，是驱动电机系统的核心控制装置。（ ）

6. IGBT 是一种大功率的电力电子器件，主要用于变频器逆变和其他逆变电路，能够将直流电逆变成频率可调的交流电，被称为电力电子装置的“CPU”。（ ）

7. 三相异步电机的旋转磁场的方向是由三相绕组中的电流相序决定的。（ ）

8. 比亚迪 e5 车型采用交流感应同步电机，是汽车的动力源之一，向外输出转矩，驱动汽车前进或后退。（ ）

9. 电机温度传感器最常用的是热敏电阻。（ ）

10. 永磁同步电机（简称 PMSM）具有高效、高控制精度、高转矩密度、良好的转矩平稳性及低振动噪声的特点。（ ）

11. IGBT 模块根据控制器主板的指令，将输入的直流电逆变成电压、频率可调的三相交流电，供给配套的三相永磁同步电机使用。（ ）

12. 水管接口卡箍损坏、锈蚀或脱落会导致冷却管路泄漏。（ ）

13. 冷却液主要由水、防冻剂、添加剂三部分组成。（ ）

14. 散热器总成更换时无须关闭点火开关及用电器。（ ）

15. 管片式散热器是由波纹状散热带和冷却管相间排列经焊接而成的。（ ）

四、简答题（每题 6 分，共 30 分）

1. 简述驱动电机系统的发展趋势。

2. 简述交流异步电机的常见故障。

3. 简述永磁同步电机的结构。

4. 简述驱动电机控制器内部 IGBT 模块的功能。

5. 简述电动汽车水泵总成的更换流程。

五、综合题（每空 2 分，共 10 分）

根据表中给出的信息，将空白处补充完整。

序号	驱动电机类型	驱动电机图片	主要特点
1	直流电机		
2	交流感应电机		
3	永磁同步电机		
4	开关磁阻电机		
5			优点：传动部件少，车辆结构简单、可实现多种复杂驱动方式等 缺点：簧下质量和轮毂转动惯量大，发展较缓慢，电制动性能有限，密封要求较高，设计需考虑散热

综合试卷（三）

一、填空题（每题 2 分，共 30 分）

1. ____________作为电动汽车三大系统之一，是车辆行驶的主要执行机构，其特性决定了车辆的主要性能指标，直接影响车辆动力性、经济性和舒适性。

2. 作为“三电”中最贵的核心器件，动力蓄电池常用的电池类型有三元锂电池和____________。

3. __________作为动力蓄电池的大脑，主要检测动力蓄电池的电压、电流、温度等相关参数，与整车控制系统进行数据交换，同时还能对动力蓄电池的充放电进行管理。

4. 按结构及工作原理，直流电机可分为____________和有刷直流电机两种。

5. 目前，汽车专用电机驱动系统主要有三大电机类型，分别为直流电机、交流感应电机和____________。

6. 交流异步电机的种类很多，按转子结构来分可分为__________和绕线型。

7. 三相异步电机由定子和转子两大基本部分组成，在定子和转子之间具有一定的________。

8. 永磁同步电机可分为______________、直流无刷永磁电机和新型永磁电机（混合式永磁电机 HSM、续流增磁永磁电机）三大类，其中前两类应用较为广泛。

9. 永磁同步电机的定子由定子铁心和__________构成。

10. 旋转变压器用以检测__________的位置，由控制器解码后可获知电机转速。

11. PT1000 型热敏电阻的阻值随温度的增加而____________。

12. 驱动电机控制器从整车控制器处得到扭矩输出命令，将__________提供的直流电转化成三相正弦交流电，驱动电机输出扭矩，通过机械传输来驱动车辆。

13. 膨胀水箱也称副水箱，该水箱位于________内。

14. 膨胀水箱侧边一般有________________和 MIN（液位下限）两个刻度，用于检查冷却液液位。

15. ____________位于散热器后面，它的作用是风扇运转时提高流经散热器的空气流速和流量，以增强散热器的散热能力。

二、选择题（每题 1 分，共 15 分）

1. “dive motor controller”是（　　）的英文名称。

A. 驱动电机　　B. 驱动电机控制器

C. 整车控制器　　D. 动力蓄电池

2. 驱动电机型号中，冷却方式代号 S 代表（　　）。

A. 水冷方式　　B. 油冷方式

C. 强迫风冷方式　　D. 自然风冷方式

3. IGBT 并没有放大电压的功能，可以理解为是一个“非通即断”的开关，（　　）时可以看作导线。

A. 断开　　B. 导通

C. 短路　　D. 截止

4. 以下选项中，属于直流电机励磁方式的是（　　）。

A. 他励式　　B. 并励式与串励式

C. 复励式　　D. 以上选项都是

5. 能够测试直流电机的电枢绕组、励磁绕组对机壳和绕组相互间的绝缘电阻，以及转子绕组对转轴的绝缘电阻的是（　　）。

A. 绝缘电阻表　　B. 数字式万用表

C. 数字钳形电流表　　D. 故障诊断仪

6. 电机过热甚至冒烟的可能原因是（　　）。

A. 定子、转子铁心相擦

B. 环境温度高，电机表面污垢多，或通风道堵塞

C. 电机风扇故障，通风不良

D. 以上选项均是

7. 在转子铁心的每一个槽中插入一根铜条，在铜条两端各用一个铜环（称为端环）把它们连接起来，称为（　　）。

A. 铸铝转子　　B. 铜排转子

C. 绕线转子　　D. 笼型转子

8. 交流异步电机常见故障现象有（　　）。

A. 轴承过热　　B. 振动大

C. 运行声音异常　　D. 以上选项均是

9. 永磁同步电机依靠内置传感器来提供电机的工作信息，这些传感器主要有（　　）。

A. 温度传感器　　B. 旋转变压器

C. 温度传感器和旋转变压器　　D. 以上选项均不包括

10.（　　）一般制成多相（三、四、五相不等），通常为三相绕组，通入三相交流电时，产生旋转磁场。

A. 定子铁心　　B. 定子绕组

C. 转子铁心　　D. 转子绕组

11. 驱动电机在检修过程中应注意（　　）。

A. 驱动电机与减速器连接花键润滑脂加注应符合规定

B. 装配过程防止冷却系统管路进入异物，保证管路内清洁

C. 未加注冷却液前严禁上电，以免因水泵运转导致其损坏

D. 以上选项均包括

12. 驱动电机安装作业完成后需进行的检查内容是（　　）。

A. 驱动电机冷却管路是否有渗漏、弯折等异常现象

B. 各线束及接插件连接是否正确，接插件连接状况是否可靠

C. 检测各高压部件绝缘性是否良好

D. 以上选项均包括

13. 驱动电机控制器的主要组成部分不包括（　　）。

A. 接口电路　　B. 控制主板

C. IGBT 模块（驱动）　　D. 旋转变压器

14. 更换驱动电机所需的维修工具是（　　）。

A. 液压千斤顶　　B. 绝缘维修工具

C. 诊断仪　　D. 以上选项均包括

15. 冷却液有三种颜色，乙二醇一般是（　　）。

A. 绿色　　B. 红色

C. 蓝色　　D. 橙色

三、判断题（每题 1 分，共 15 分）

1. 整车电控系统的作用是对整车的所有动作进行检测和指挥，类似于人类的大脑。（　　）

2. MCU 是整车控制器的简称。（　　）

3. 内转子式轮毂电机采用高速内转子电机，配备非固定传动比的减速器。（　　）

4. 永磁同步电机在转子中加入永磁体来强化转子性能，并与定子在转速同步旋转的形态下形成电流。（　　）

5. 轮毂电机的簧下质量和轮毂的转动惯量大，发展较缓慢，电制动性能有限、密封要求较高，但设计时无须考虑散热。（　　）

6. 电动汽车驱动电机要求调速范围大，低速时应具备大转矩，高速时应具备高功率性能。（　　）

7. PTC 是车载充电机的简称。（　　）

8. 直流电机能够实现直流电能和机械能互相转换。（　　）

9. 特斯拉 Model S 车型搭载的驱动电机类型是交流异步电机。（　　）

10. 三相异步电机的三相绕组由三个彼此独立的绕组组成，每个绕组又由若干线圈连接而成。（　　）

11. 三相异步电机的极数就是旋转磁场的极数。（　　）

12. 北汽 EX360 车型的驱动电机采用永磁同步电机，具有调速范围宽、传动效率高、噪声小、维护费用低等优点。（　　）

13. 永磁同步电机依靠内置传感器来提供电机的工作信息。（　　）

14. 添加冷却液时允许与不同型号的防冻液混用。（　　）

15. 冷却液缺少、水泵空转等不会造成电动水泵产生异响。（　　）

四、简答题（每题 6 分，共 30 分）

1. 简述国外驱动电机系统的发展现状。

2. 简述混合动力电动汽车对驱动电机的要求。

3. 简述交流异步电机名称中“异步”的含义。

4. 简述永磁同步电机检修过程中的注意事项。

5. 简述电动汽车冷却系统的主要结构组成。

五、综合题（每空 2.5 分，共 10 分）

通过对电动汽车冷却系统结构组成的认知，完善下表中的空白内容。

序号	冷却系统部件总成	总成图片	功能
1	电动水泵		
2	冷却水管		
3	散热器及风扇		
4	膨胀水箱	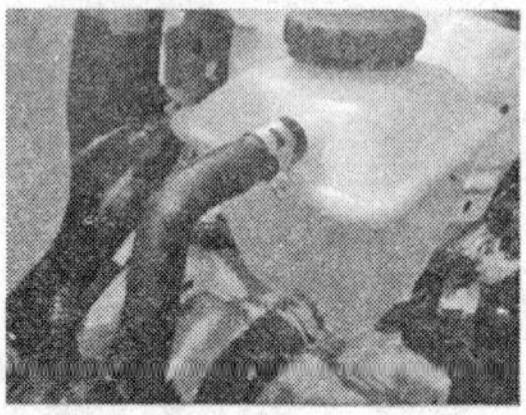	